LIBRO RECOMENDADO

Jarosław Jankowski

¿Sabes quién eres?
Una guía por los 16 tipos de personalidad ID16™©

¿Por qué somos tan diferentes? ¿Por qué asimilamos la información de forma distinta, descansamos de otra manera, tomamos decisiones de otra forma y organizamos de manera diferente nuestra vida?

«¿Sabes quién eres?» te permitirá comprenderte mejor a ti mismo y a los demás. El test ID16 ™© incluido en el libro te ayudará a determinar tu tipo de personalidad, ofreciéndote una valiosa introspección.

Tu tipo de personalidad:
Idealista
(INFP)

Tu tipo de personalidad:

Idealista

(INFP)

JAROSŁAW JANKOWSKI

LOGOS MEDIA

Tu tipo de personalidad: Idealista (INFP)

Esta publicación puede ayudarte a utilizar mejor tu potencial, a crear relaciones saludables con otras personas y a tomar buenas decisiones en lo relativo a la educación y la carrera profesional. Sin embargo, en ningún caso debería ser tratada como un sustituto de una consulta psicológica o psiquiátrica especializada. El autor y el editor no asumen la responsabilidad por los eventuales daños resultantes de un uso indebido de este libro.

ID16™© es una tipología de la personalidad original. No se la debe confundir con las tipologías y los test de personalidad de otros autores o instituciones.

Título original: Twój typ osobowości: Idealista (INFP)

Traducción del idioma polaco: Ángel López Pombero, Lingua Lab, www.lingualab.pl

Redacción: Xavier Bordas Cornet, Lingua Lab, www.lingualab.pl

Redacción técnica: Zbigniew Szalbot

Editor: LOGOS MEDIA

ISBN (versión impresa): 978-83-7981-194-6
ISBN (EPUB): 978-83-7981-195-3
ISBN (MOBI): 978-83-7981-196-0

Índice

Prólogo

Tu tipo de personalidad: Idealista (INFP) es un extraordinario compendio de conocimiento acerca del *idealista*, uno de los 16 tipos de personalidad ID16™©.

Esta guía es parte de la serie ID16™©, formada por 16 libros dedicados a los diferentes tipos de personalidad. De forma exhaustiva y clara responden a las siguientes preguntas:

- ¿Qué piensan y sienten las personas que pertenecen a un determinado tipo de personalidad? ¿Cómo toman las decisiones? ¿Cómo solucionan los problemas? ¿De qué tienen miedo? ¿Qué les irrita?

- ¿Con qué tipos de personalidad se relacionan y cuáles evitan? ¿Qué tipo de amigos, cónyuges, padres son? ¿Cómo los ven los demás?

- ¿Qué predisposiciones profesionales tienen? ¿En qué entorno trabajan de manera más efectiva? ¿Qué profesiones se corresponden mejor con su tipo de personalidad?

- ¿En qué son buenos y en qué deben mejorar? ¿Cómo deben aprovechar su potencial y evitar las trampas?

- ¿Qué personas conocidas pertenecen a un determinado tipo de personalidad?

- ¿Qué sociedad muestra más rasgos característicos de un determinado tipo?

En este libro también encontrarás la información más importante sobre la tipología ID16™©.

Esperamos que te ayude a conocerte mejor a ti mismo y a los demás.

EDITORES

ID16™© entre las tipologías de personalidad de Jung

ID16™© pertenece a la familia de las denominadas tipologías de personalidad de Jung, que hacen referencia a la teoría de Carl Gustav Jung (1875 – 1961), psiquiatra y psicólogo suizo, uno de los principales representantes de la denominada psicología profunda.

Sobre la base de muchos años de estudio y observación, Jung llegó a la conclusión de que las diferencias en las actitudes y las preferencias de las personas no son casuales. Creó la división, bien conocida hoy en día, entre extrovertidos e introvertidos. Además, distinguió cuatro funciones de la personalidad, que forman dos pares de factores contrarios: percepción – intuición y pensamiento – sentimiento. Estableció también que en cada una de estas parejas domina una de las funciones. Jung llegó a la convicción de que las funciones dominantes de cada persona son permanentes e independientes de las condiciones externas y que su resultante es el tipo de personalidad.

En el año 1938 dos psiquiatras estadounidenses, Horace Gray y Joseph Wheelwright, crearon el primer test de personalidad basado en la teoría de Jung, que permitía determinar las funciones dominantes en las tres dimensiones descritas por él: **extroversión – introversión, percepción – intuición** y **pensamiento – sentimiento**. Este test se convirtió en una inspiración para otros investigadores. En el año 1942, también en suelo americano, Isabel Briggs Myers y Katharine Briggs comenzaron a emplear su propio test de personalidad, ampliando el clásico modelo tridimensional de Gray y Wheelwright con una cuarta dimensión: **juicio – percepción**. La mayoría de las tipologías y test de personalidad posteriores, referidos a la teoría de Jung, también toman en consideración esta cuarta dimensión.

Pertenecen a ellas, entre otros, la tipología americana publicada en el año 1978 por David W. Keirsey, así como el test de personalidad creado en Lituania en los años 70 del siglo XX por Aušra Augustinavičiūtė. En las décadas posteriores, investigadores de diferentes partes del mundo fueron tras sus huellas. Ellos crearon otras tipologías con cuatro dimensiones y varios test de personalidad adaptados a las condiciones y necesidades locales.

A este grupo pertenece la tipología de personalidad independiente ID16™©, desarrollada en Polonia por el pedagogo y mánager Jarosław Jankowski. Esta tipología, publicada en la primera década del siglo XXI, también se basa en la teoría clásica de Carl Jung. Al igual que otras tipologías de Jung contemporáneas, se inscribe en la corriente del análisis tetradimensional de la personalidad. En el marco de ID16™© estas dimensiones se llaman las **cuatro tendencias naturales**. Estas tendencias tienen un carácter dicotómico y su imagen proporciona información sobre el tipo de personalidad de la persona. El análisis de la primera tendencia tiene como objetivo determinar la **fuente de energía vital** dominante (el mundo exterior o el mundo interior). El análisis de la segunda tendencia determina la **forma dominante de asimilación de la información** (a través de los sentidos o a través de la intuición). El análisis de la tercera tendencia determina la **forma de toma de decisiones** dominante (según la razón o el corazón). El análisis de la cuarta tendencia determina, sin embargo, el **estilo de vida** dominante (organizado o espontáneo). La combinación de todas estas tendencias naturales da como resultado **16 posibles tipos de personalidad**.

La característica especial de la tipología ID16™© es su dimensión práctica. Esta describe los diferentes tipos de personalidad según se comportan en la acción: en el trabajo, en la vida diaria y en las relaciones con otras personas. No se concentra en la dinámica interna de la personalidad, ni tampoco intenta aclarar teóricamente procesos interiores e invisibles. Más bien se concentra en cómo un determinado tipo de personalidad se manifiesta al exterior y de qué forma influye sobre el entorno. Este acento en el aspecto social de la personalidad aproxima de cierto modo la tipología ID16™© a la tipología de Aušra Augustinavičiūtė anteriormente mencionada.

Cada uno de los 16 tipos de personalidad ID16™© es la resultante de las tendencias naturales de la persona. La inclusión en un determinado tipo no tiene, sin embargo, características evaluativas. Ningún tipo de personalidad es mejor o peor que los otros. Cada uno de los tipos es simplemente diferente y cada uno tiene sus puntos potencialmente fuertes y débiles. ID16™© permite identificar y describir estas diferencias. Ayuda a comprenderse a uno mismo y a descubrir nuestro lugar en el mundo.

Conocer el perfil propio de personalidad permite a las personas aprovechar en su totalidad su potencial y trabajar en las áreas que pueden causarles problemas. Este conocimiento constituye una ayuda inestimable en la vida diaria, en la solución de problemas, en la creación de relaciones sanas con otras personas y en la toma de decisiones acerca de la educación y la carrera profesional.

La determinación del tipo de personalidad no es un proceso de carácter arbitrario y mecánico. Cada persona, como «propietario y usuario de su personalidad» es plenamente competente para determinar a qué tipo pertenece. Su papel en este proceso es, por lo tanto, crucial. Esta autoidentificación puede realizarse analizando las descripciones de los 16 tipos de personalidad y estrechando gradualmente el campo de elección. Sin embargo, se puede elegir un camino más corto: utilizar el test de personalidad ID16™©. También en este caso, el «usuario de la personalidad» tiene un papel primordial, ya que el resultado del test depende exclusivamente de las respuestas del usuario.

La identificación del tipo de personalidad ayuda a conocerse a uno mismo y a los demás; no obstante, no debería ser tratada como una profecía que predestina el futuro. El tipo de personalidad nunca puede justificar nuestras debilidades o nuestras malas relaciones con otras personas (¡aunque puede ayudar a comprender sus motivos!).

En el marco de ID16™© el tipo de personalidad no es tratado como un estado estático, genéticamente determinado, sino como la resultante de características innatas y adquiridas. Este enfoque no quita importancia al libre albedrío, ni tampoco pretende clasificar a las personas. Abre ante nosotros nuevas perspectivas que nos animan a trabajar sobre nosotros mismos, ya su vez estas perspectivas nos muestran las áreas en las que este trabajo es más necesario.

Idealista (INFP)

TIPOLOGÍA DE PERSONALIDAD ID16™©

La personalidad a grandes rasgos

Lema vital: *Se puede vivir de otra manera.*

Sensible, leal, creativo. Desea vivir según los valores que profesa. Muestra interés por la realidad espiritual y ahonda en los secretos de la vida. Suele conmoverse por los problemas del mundo y está abierto a las necesidades de otras personas. Valora la armonía y el equilibrio.

Romántico: es capaz de demostrar amor, pero él mismo también necesita cariño y afecto. Interpreta perfectamente los motivos y sentimientos de otras personas. Crea relaciones sanas, profundas y duraderas. En situaciones de conflicto lo pasa mal, no sabe qué hacer. No resiste el estrés y la crítica.

Tendencias naturales del *idealista*:

- Fuente de energía vital: mundo interior.
- Asimilación de información: intuición.
- Toma de decisiones: corazón.
- Estilo de vida: espontáneo.

Tipos de personalidad similares:

- *Mentor*
- *Entusiasta*
- *Consejero*

Datos estadísticos:

- Los *idealistas* constituyen el 1-4% de la población.
- Entre los *idealistas* predominan las mujeres (60%).
- El país que se corresponde con el perfil de *idealista* es Tailandia[1].

Código literal:

El código literal universal del *idealista* en las tipologías de personalidad de Jung es INFP.

Características generales

Los *idealistas* son personas con mucha riqueza interior. Desean comprenderse a sí mismos y a

---

[1] Esto no quiere decir que todos los habitantes de Tailandia pertenezcan a este tipo de personalidad, sino que la sociedad tailandesa, en su conjunto, tiene muchas características del *idealista*.

los demás. Reflexionan y se preguntan por qué las personas se comportan como lo hacen y no de otra forma. A veces dan la sensación de estar distantes. Sin embargo, en realidad son muy abiertos a otras personas. Se interesan sinceramente por sus problemas y son capaces de implicarse de todo corazón en su resolución.

Desean armonía, procuran que haya paz e intentan suavizar los conflictos. En la vida, se guían por ideales (de ahí el nombre de este tipo de personalidad), que tienen para ellos la máxima importancia. Los objetivos vitales de los *idealistas* normalmente no se corresponden con los objetivos de la mayoría de la sociedad. Los bienes materiales, el poder o la influencia no les causan impresión.

Debido a los valores que profesan, a veces los *idealistas* se sienten solitarios o alienados, aunque casi nunca renuncian a sus propios ideales (incluso si deben pagar un alto precio por ello). Simplemente no tienen otra elección: deben ser ellos mismos. Una vida contraria a los valores que profesan no tiene sentido para ellos.

A los ojos de los demás

Son percibidos por los demás como modestos, agradables y siempre dispuestos a ayudar. Pueden parecer tímidos, distantes e indecisos. Suelen ser percibidos como personas que empiezan muchas cosas, pero que no son capaces de finalizarlas. Por otra parte, destacan por su sensibilidad natural por las necesidades y los sentimientos de los demás.

Los otros los ven como personas tranquilas, aunque en su interior casi nunca hay tranquilidad. Los *idealistas* se conmueven sinceramente con los problemas del mundo y son sensibles a las manifestaciones de injusticia. Creen que todo hombre tiene derecho a la felicidad y a ser él mismo. Desean la paz, la unidad y un mundo mejor. La fidelidad a sus ideales les exige asumir sacrificios, y un comportamiento no conforme con su escala de valores provoca en ellos un profundo sentimiento de culpa.

Percepción del mundo y prioridades

Los *idealistas* no dejan de entusiasmarse con la belleza del mundo. Siempre están asombrados y sorprendidos por la realidad que les rodea. Son capaces de ver y apreciar siempre el bien y la belleza. Les interesan el mundo y las personas. Miran hacia el futuro y tienen la necesidad de perfeccionarse y desarrollarse. Les gusta descubrir los secretos de la vida y ahondar en su sentido. No prestan demasiada atención a los asuntos materiales. Su principal necesidad es encontrar el sentido de la vida. Les atrae el mundo espiritual. Si no son personas creyentes, les atormenta una dolorosa sensación de vacío, sienten que les falta algo.

Tienen una necesidad interior de cambiarla realidad y ayudar a otras personas.

Independientemente de su ocupación profesional (incluso si esta consiste precisamente en prestar ayuda a los demás) en su tiempo libre a menudo se implican en actividades sociales (por ejemplo, trabajan como voluntarios de organizaciones caritativas) o simplemente ayudan a sus amigos.

Persiguen infatigablemente la realización de los objetivos con los que se identifican. Son perseverantes buscando la verdad. Cada nueva información, antes de que sea introducida en su «base de datos» interior, es filtrada por su escala de valores. De esta forma, valoran si será útil en la búsqueda del sentido de la vida, para cambiar el mundo o para ayudar a las personas. Asocian la nueva información con aquello que habían aprendido y experimentado antes. Confían mucho en su intuición.

Decisiones

Toman las decisiones más con el corazón que con la cabeza. Lo más importante para ellos es cómo influirá una determinada decisión en su propia vida y en la vida de otras personas. Los argumentos de naturaleza puramente lógica no les convencen. Desconfían de las resoluciones tomadas exclusivamente sobre la base de datos puros y duros, de forma racional, impersonal. Antes de tomar alguna decisión, la meditan durante mucho tiempo y se preparan para ella.

Los *idealistas* perciben y valoran la individualidad de cada persona. Nunca imponen a los demás sus propias convicciones. A ellos mismos tampoco les gusta que alguien intente imponerles algo o ejercer presión sobre ellos.

Creatividad

Normalmente son personas muy originales e ingeniosas: el hecho de crear les proporciona una enorme alegría. El resultado final o la percepción de su obra por parte de los demás tiene para ellos menos importancia que el mismo trabajo en sí. Normalmente son percibidos como excepcionales y nada comunes, aunque no se esfuerzan en absoluto por ser originales (a menudo ni siquiera saben que son vistos así).

Percepción y pensamientos

Los *idealistas* están abiertos a nuevas ideas, y por lo general son flexibles. Cuando están en un grupo permiten que los demás tomen decisiones. A algunos les puede parecer que todo les da lo mismo. Sin embargo, si alguna decisión fuera contraria a sus convicciones, serían capaces — para sorpresa del entorno — de pasar rápidamente a la acción y protestar decididamente, e incluso de luchar en defensa de lo que consideran importante.

A veces, les cuesta adaptarse a las normas y formas generalmente aceptadas. También tienen tendencia a concentrarse en las informaciones conformes con su visión del mundo y a «no ver» o ignorar los datos que son contrarios a ella. Suele ocurrir que, al emplear este mecanismo defensivo, se cierran cada vez más en su mundo y pierden la capacidad de ver los problemas desde una perspectiva más amplia. Esta situación puede tener una influencia negativa sobre sus relaciones con las personas, haciendo que se encierren en sí mismos.

Organización

Los *idealistas* no suelen dedicar demasiado tiempo al aspecto exterior, ni les fascinan las novedades del mundo de la moda. También pueden dar la impresión de ser caóticos e informales. En realidad, sin embargo, tratan con seriedad su vida y sus obligaciones. Exigen mucho de sí mismos y desean perfeccionarse, aunque están tan absortos en la realización de sus visiones que suelen olvidarse de las acciones cotidianas y rutinarias (pueden no darse cuenta de que hay que ordenar el escritorio, vaciar la papelera, lavar el coche). Tampoco les gustan los trabajos administrativos y realizan de mala gana las tareas que requieren guiarse por la pura lógica y basarse únicamente en los datos. También tienen problemas para gestionar el tiempo y para organizarse.

Conscientes de estas dificultades, intentan poner en orden diferentes áreas de su vida. Normalmente retoman estos intentos varias veces (con diversos resultados). Cuando están en una situación complicada o de conflicto, no son capaces de actuar de forma racional. Entonces, sucede que, al no saber cómo actuar, hacen cualquier cosa solo para salir rápidamente de una situación problemática.

Comunicación

Los *idealistas* son normalmente parcos en palabras. Hablan cuando tienen algo que decir. No les gusta hablar de sí mismos. Por el contrario son capaces de describir de forma sencilla y comprensible conceptos difíciles y fenómenos complejos. Les gusta utilizar variopintas comparaciones y metáforas. Son conscientes del gran poder de las palabras y de cuánta influencia pueden ejercer sobre las personas.

Les gustan las conversaciones profundas en un grupo reducido. No les interesan las charlas superficiales, los chismes y las conversaciones sobre el tiempo u otras banalidades. No les gustan las multitudes y nos les gusta hablar en público.

Se sirven perfectamente de la palabra escrita. También son unos excelentes oyentes. Leen entre líneas y, apenas después de un primer encuentro, ya son capaces de decir mucho de una persona (raramente se equivocan). Las conversaciones con los *idealistas* a menudo ayudan a las personas a verbalizar sus propios sentimientos, pensamientos y necesidades.

Los *idealistas* que son capaces de utilizar bien el don de la empatía pueden ser mediadores eficientes. Al ayudar a los demás no intentan solucionar los problemas de forma lógica y racional (por ejemplo, analizando sus causas, buscando culpables), sino que ven una determinada situación a través del prisma de los sentimientos e intentan eliminar las malas sensaciones, suavizar las disputas y llegar a un compromiso.

Ante situaciones de estrés

La tendencia a la perfección combinada con la imposibilidad de poner en orden algunas áreas de la vida (por ejemplo, la organización del tiempo) es para ellos muchas veces una fuente de frustración.

Por lo general no soportan el estrés. Este hace que pierdan la confianza en sus propias fuerzas y no estén en condiciones de tomar decisiones, o bien — todo lo contrario — empiecen a actuar de forma impulsiva e irreflexiva. A menudo, su forma preferida de pasar el tiempo libre es la actividad física.

Aspecto social de la personalidad

Los *idealistas* comprenden a las otras personas y reconocen sus sentimientos y motivos. Son amigos fieles y leales; también suelen ser unos perfectos oyentes. Les gusta ayudar a los demás y a menudo ponen las necesidades de estos en primer lugar. Les cuesta abrirse ante la gente. Incluso a sus allegados les cuesta adivinar lo que ocurre en su interior.

Unas relaciones sanas con sus allegados son muy importantes para ellos. Sin ellos, no pueden ser felices ni disfrutar plenamente de la vida. Consideran que una persona se conoce mejor a sí misma gracias a los demás. En las relaciones con los otros, le dan una gran importancia a los símbolos y los gestos, a veces también a comportamientos particulares e individuales. Si alguien actuó alguna vez de manera no conforme con los principios, puede ser — en su opinión — propenso a volver a actuar así en el futuro.

A menudo tienen tendencia a idealizar a las personas buenas, y a demonizar a las malas. Su mundo suele ser bipolar.

Entre amigos

Los *idealistas* hacen nuevas amistades poco a poco, pero sus vínculos acaban siendo profundos y duraderos. Muestran a los demás mucha ternura y son muy sensibles a sus sentimientos y necesidades. Les caracteriza una actitud de aceptación. Procuran edificar unas relaciones perfectas, y para ello ponen de su parte un gran empeño. Intentan evitar a cualquier costa los conflictos y las conversaciones desagradables, que podrían herir a alguien.

Su lealtad y apego a sus amigos (de los que normalmente tienen pocos) no se debilitan ni siquiera a pesar de una separación prolongada. Siempre están dispuestos a brindarles apoyo y son objeto de su tierna solicitud. Valoran los vínculos auténticos y profundos y sus amistades perduran a menudo a lo largo de toda la vida. Los amigos de los *idealistas* son con más frecuencia *mentores*, *entusiastas*, *artistas* y otros *idealistas*. Sin embargo, raramente entablan amistad con *administradores*, *inspectores* y *animadores*.

En el matrimonio

Los *idealistas* están hechos para el matrimonio y sus relaciones son extraordinariamente duraderas. Se quedan solteros por su propia elección menos frecuentemente que los demás. Son muy románticos y excepcionalmente fieles.

Para ellos, la familia es una de las cosas más importantes de la vida. Sueñan con tener relaciones perfectas, armoniosas y románticas con el cónyuge (a menudo les cuesta conciliar estas expectativas con la realidad). Obsequian a sus parejas con extraordinario respeto, admiración y confianza. Les colman de cumplidos y les muestran mucho cariño. Sin embargo, ellos mismos también necesitan enormemente su cercanía y afecto. Pero no son dominantes ni celosos. No importunan y no intentan poner límites a sus maridos/esposas, o hacerlos dependientes de ellos.

Intentan a cualquier precio apaciguar los conflictos matrimoniales y evitan los temas desagradables e irritantes (prefieren silenciar los problemas). Encajan todas las palabras críticas de forma muy personal. Incluso una pequeña observación o una broma pueden causarles un enorme dolor. Entonces, a los demás estas reacciones pueden parecerles exageradas e inadecuadas. Los *idealistas* tienen un umbral de tolerancia a la crítica extraordinariamente bajo y por esa razón es fácil herirlos. Esto puede ser un problema importante en sus relaciones con *estrategas*, *inspectores*, *directores* y *administradores*, para los cuales la crítica, el conflicto y la confrontación abierta son un elemento normal de las relaciones interpersonales.

Los candidatos naturales a maridos/esposas de los *idealistas* son personas de tipos de personalidad afines: *mentores*, *entusiastas* o *consejeros*. En estos matrimonios es más fácil crear una comprensión mutua y unas relaciones armoniosas. Sin embargo, la experiencia demuestra que las personas pueden crear relaciones exitosas y felices también a pesar de una evidente disconformidad tipológica.

Como padres

Los *idealistas* se encuentran perfectamente en el papel de padres. Tratan su responsabilidad de forma muy seria. Procuran para sus hijos un entorno amistoso y seguro, así como un ambiente cordial. Les muestran mucho cariño y los colman de elogios. Son excepcionalmente entregados, leales y cariñosos. Apoyan a los hijos y les ayudan sin importar la situación. En su educación, se sirven más de incentivos positivos (ánimos, premios) que de la crítica y la disciplina.

Solo emplean medidas muy radicales cuando el comportamiento de los hijos atenta contra su propio sistema de valores. Sin embargo, prefieren dejar a los maridos/esposas la tarea de disciplinar a los hijos.

Los *idealistas* respetan la individualidad de los hijos y no les ponen limitaciones. Les permiten participar en la toma de decisiones familiares y cuentan con su opinión. Los niños educados principalmente por *idealistas* (por ejemplo, por padres solteros) pueden no tener claras, a veces, las reglas que rigen el mundo. Sin embargo, nunca les faltará el cariño, el apoyo, la confianza y el espacio necesario para su desarrollo. Y por eso, pasados unos años, valoran a sus padres por todas estas cosas.

Trabajo y carrera profesional

Los *idealistas* son capaces de hacer frente a diversas tareas al mismo tiempo, aunque no todas les proporcionan la misma satisfacción. Son más felices cuando pueden realizar un trabajo que refleja sus convicciones personales.

Éxito

El trabajo es para ellos algo más que ganar dinero. No perciben un ascenso o un buen sueldo como sinónimo de éxito. Para ellos, el verdadero éxito es comprender el sentido de la vida y la posibilidad de hacer realidad su vocación. Desean hacer algo que para ellos tenga un sentido profundo.

En equipo

Por lo general, son individualistas. Prefieren trabajar en solitario. Sin embargo, si es necesario pueden encontrar su lugar en un equipo. Se adaptan fácilmente a las nuevas situaciones, soportan bien los cambios y les gustan las ideas nuevas. Necesitan, sin embargo, algo de espacio privado; no les gusta cuando alguien les interrumpe, les molesta o viola su privacidad.

Cuando trabajan en grupo, contribuyen a que haya un buen ambiente, apoyan a los demás trabajadores y ayudan a alcanzar el consenso en el equipo. Por regla general promueven unos principios democráticos de toma de decisiones. Creen que el ánimo y la persuasión pueden conseguir más que la crítica abierta o la presión. Evitan a toda costa los conflictos en el equipo y se abstienen de criticar a sus compañeros de trabajo. Cuando deben llamarle la atención a alguien, lo hacen de forma tan delicada y diplomática, que el mensaje que quieren transmitir queda poco claro.

Empresas

El entorno óptimo de trabajo para los *idealistas* es aquel en el que pueden proceder de acuerdo con sus convicciones y realizar los objetivos en los que creen. Se encuentran a gusto en empresas que aceptan la individualidad de los trabajadores.

Sin embargo, se ahogan en un entorno burocratizado, en el que la actividad de los trabajadores está restringida por numerosos procedimientos rígidos. Por lo general, no se les dan del todo bien las acciones rutinarias y repetitivas.

Se encuentran bien cuando trabajan en organizaciones sociales y en un entorno académico, mientras que son prácticamente incapaces de trabajar en cuerpos de seguridad o similares.

Superiores

Los *idealistas* valoran a los superiores que tienen principios morales, les gustan los enfoques creativos de las tareas, apoyan a sus subordinados y no están obsesionados con los procedimientos, plazos y formalidades. Les irrita el control excesivo, el abuso de poder, la burocracia inhumana, el hecho de tratar a la gente como piñones de una máquina y de colocar el beneficio y el rendimiento por encima del bien de los empleados.

Preferencias

Les sacan de sus casillas los estereotipos, la simplificación de la realidad y cualquier intento de unificación. Se encuentran muy a gusto en situaciones que requieren solucionar problemas complejos y difíciles. Sin embargo, no les gusta trabajar a contrarreloj. Los «plazos límite» hacen que se sientan atados y limitados.

Profesiones

El conocimiento del perfil de personalidad propio y de las preferencias naturales es una ayuda inestimable a la hora de elegir la carrera profesional óptima. La experiencia muestra que los *idealistas* pueden trabajar con éxito y sentirse realizados en diferentes campos, aunque su tipo de personalidad los predispone de forma natural para profesiones tales como:

- activista social,
- actor,
- artista,
- asistente social,
- bloguero,
- científico,
- coach,
- consejero,
- consultor,
- coordinador de proyecto,
- decorador,
- director artístico,
- diseñador de interiores,
- escritor,
- especialista en multimedia,
- especialista en relaciones laborales,
- fisioterapeuta,
- mediador,
- músico,
- periodista,

- preparador,
- profesor,
- psicólogo,
- psiquiatra,
- redactor,
- sacerdote.

Potenciales puntos fuertes y débiles

Los *idealistas*, al igual que otros tipos de personalidad, tienen potenciales puntos fuertes y débiles. Este potencial puede ser gestionado de diferentes formas. La felicidad personal y la realización profesional de los *idealistas* dependen de si aprovechan las oportunidades relacionadas con su tipo de personalidad y de si hacen frente a las amenazas que les acechan. He aquí un RESUMEN de estas oportunidades y amenazas:

Puntos fuertes potenciales

Los *idealistas* tienen en su interior un tierno y extraordinario cariño y gracias a ello «irradian calor» de buen grado a los demás. Por lo general, son sensibles y solícitos. Perciben las necesidades de los demás y son sensibles a cualquier manifestación de injusticia: desean actuar a favor de los que han sido perjudicados o utilizados. Su estable escala de valores, su extraordinaria empatía y su interés sincero por el destino de los demás los predisponen para la actividad social. Los *idealistas* son extraordinariamente fieles y leales. Son capaces de crear relaciones profundas, duraderas y estables. Sin embargo, no importunan ni ponen límites a los demás, sino todo lo contrario: les obsequian con su confianza y les proporcionan el espacio necesario para su desarrollo. Son excepcionalmente flexibles y soportan bien los cambios.

Se caracterizan por su tolerancia y carácter abierto hacia las personas; también hacia aquellas que son rechazadas por la mayor parte de la sociedad. Perciben el bien y el potencial positivo de cada persona. Tienen el extraordinario don de la empatía, gracias al cual son capaces de apoyar a los demás, darles ánimo y fortalecer su autoestima. Son muy buenos oyentes; perciben los sentimientos y los motivos de otras personas. Son capaces de crear compromiso y entendimiento (pueden hacer que cada parte se sienta satisfecha y esté convencida de haber conseguido el éxito). Asimilan fácilmente teorías y conceptos complejos, y al mismo tiempo son muy creativos y están abiertos a las vivencias espirituales y artísticas (a menudo, ellos mismos son artistas con talento). También son capaces de expresar bien sus pensamientos (sobre todo, por escrito).

Puntos débiles potenciales

Los *idealistas* tienen un umbral muy bajo de resistencia a la crítica (sobre todo por parte de sus allegados). Incluso las pequeñas observaciones desfavorables o las bromas sarcásticas pueden socavar su confianza en sí mismos y causarles un enorme dolor. A veces, ven alusiones críticas incluso allí donde no las hay. Su enorme lealtad y apego afectivo a las personas hacen que a menudo no puedan acabar relaciones dañinas o tóxicas. También tienen problemas para expresar opiniones críticas, llamar la atención a los demás y, a veces incluso presentar sus opiniones. Cuando deben llamarle la atención a alguien, normalmente lo hacen de forma tan delicada que los interlocutores les cuesta comprender lo que quieren decir. Lo pasan muy mal en situaciones de conflicto: pueden comportarse de forma irracional, o tomar decisiones repentinas y no meditadas.

Su severa autoevaluación y su fuerte necesidad de afirmación y de refuerzos positivos por parte de los demás les dificultan el poder funcionar en un entorno neutro o frío (y por lo tanto mucho más en un ambiente abiertamente desfavorable). En situaciones de estrés, no son capaces de reaccionar con la mente fría. Suelen tener también cierta tendencia a estar emocionalmente desequilibrados. Sus ideas, aunque muy creativas, son a veces irreales: a menudo no tienen en consideración las limitaciones existentes y las imperfecciones del mundo (por ejemplo, lo imprevisible del factor humano). Pueden tratar las opiniones contrarias a sus convicciones como un ataque contra su persona y sus valores. Tienen tendencia a aceptar únicamente la información que es conforme con sus puntos de vista. Al mismo tiempo, pueden silenciar la información que cuestiona su visión del mundo. Esto, a veces, lleva al autoaislamiento y a cerrarse en su propio mundo.

Desarrollo personal

El desarrollo personal de los *idealistas* depende del grado en que utilizan su potencial natural y se sobreponen a los riesgos relacionados con su tipo de personalidad. Los siguientes consejos prácticos constituyen un decálogo característico del *idealista*.

No temas los conflictos

Al encontrarte en una situación de conflicto no escondas la cabeza bajo la arena; en lugar de eso, más bien expresa tu punto de vista y tus sentimientos. A menudo los conflictos ayudan a descubrir y resolver problemas.

Mira los problemas desde una perspectiva más amplia

Intenta verlos tal como otras personas los ven. Considera diferentes puntos de vista y ten en cuenta diferentes aspectos del asunto tratado.

No fuerces a los demás a hacer suposiciones

Diles a las personas cómo te sientes, qué sufres y qué deseas. No dudes en expresar tus dudas, reservas y emociones. De esta forma ayudarás a tus compañeros de trabajo y tus familiares.

Sé más práctico

Tienes una tendencia natural a crear propuestas idealistas, que suelen estar alejadas de la vida. Piensa en sus aspectos prácticos: en cómo realizarlas en el mundo real e imperfecto.

Deja de mejorar y empieza a actuar

En lugar de pensar en cómo mejorar lo que planeas hacer, simplemente hazlo. En caso contrario, pasarás el resto de tu vida perfeccionando tus planes. Sin embargo, es mejor hacer algo bueno (no necesariamente perfecto), que no hacer nada.

No temas las ideas y opiniones que son diferentes a las tuyas

Antes de rechazarlas, piensa bien en ellas e intenta comprenderlas. Una actitud abierta a los puntos de vista de los demás no tiene por qué significar abandonar los propios.

No tengas miedo a las críticas

No temas expresar tus opiniones críticas ni aceptar las críticas de otros. La crítica puede ser constructiva y no tiene por qué significar un ataque a las personas o un socavamiento de sus valores.

No culpes a los demás de tus problemas

Eres tú el que tiene más influencia sobre tu vida y eres tú el más competente para solucionar tus problemas. No te concentres en las contrariedades externas. Concéntrate en tus puntos fuertes y utiliza tu potencial.

Encuentra tiempo para el placer

Esfuérzate por distanciarte de vez en cuando de las obligaciones y hacer algo por puro placer, relax, diversión... La actividad física y el contacto con el arte hacen que evites el agotamiento y seas más efectivo.

Sé mejor contigo mismo

Piensa si no te exiges demasiado a ti mismo y si tu autoevaluación no es demasiado severa (posiblemente lo es). Sé más indulgente contigo mismo e intenta ayudarte de la misma forma en la que te preocupas de la felicidad y el buen estado de ánimo de otras personas.

Personas conocidas

La lista de personas conocidas que se corresponden con el perfil de *idealista* incluye, entre otros, los siguientes nombres:

- **Laura Ingalls Wilder** (1867 - 1957), escritora estadounidense (autora de la serie *La casa de la pradera*);
- **Albert Schweitzer** (1875 - 1965), teólogo luterano alemán, filósofo,

musicólogo y médico, fundador de un hospital en Gabón, ganador del Premio Nobel de la paz;

- **Alan Alexander Milne** (1882 - 1956), escritor inglés y autor de libros Infantiles (entre otros, *Winnie the Pooh*);
- **Carl Rogers** (1902 - 1987), psicólogo y psicoterapeuta estadounidense, uno de los principales representantes de la psicología humanista;
- **George Orwell** (1903 - 1950), publicista y escritor inglés (entre otras obras, *Rebelión en la granja*);
- **James Herriot**, realmente James Alfred Wight (1916-1995), médico veterinario británico y escritor (autor de la serie *Todas las criaturas grandes y pequeñas*);
- **John F. Kennedy** (1917 - 1963), trigésimo quinto presidente de los Estados Unidos;
- **Scott Bakula** (n. 1954), actor de televisión estadounidense (entre otras series, *Murphy Brown*);
- **Lisa Kudrow** (n. 1963), actriz estadounidense (entre otras series, *Friends*);
- **Julia Roberts** (n. 1967), actriz estadounidense (entre otras películas, *Pretty Woman*), ganadora de un Óscar;

- **Gillian Anderson** (n. 1968), actriz estadounidense (entre otras películas, *Expediente X*);
- **Megan Follows** (n. 1968), actriz canadiense entre otras películas, *Ana de las tejas verdes*);
- **Fred Savage** (n. 1976), actor estadounidense (entre otras series, *Aquellos maravillosos años*).

16 tipos de personalidad de forma breve

Administrador (ESTJ)

Lema vital: *¡Hagamos esa tarea!*

Trabajador, responsable y extraordinariamente leal. Enérgico y decidido. Valora el orden, la estabilidad, la seguridad y las reglas claras. Objetivo y concreto. Lógico, racional y práctico. Es capaz de asimilar una gran cantidad de información detallada.

Organizador perfecto. No tolera la ineficiencia, el despilfarro ni la pereza. Fiel a sus convicciones y directo en los contactos. Presenta sus puntos de vista de forma decidida y expresa abiertamente opiniones críticas, por lo que en ocasiones hiere inconscientemente a otras personas.

Tendencias naturales del *administrador:*

- Fuente de energía vital: mundo exterior.
- Asimilación de información: sentidos.
- Toma de decisiones: razón.
- Estilo de vida: organizado.

Tipos de personalidad similares:

- *Animador*
- *Inspector*
- *Pragmático*

Datos estadísticos:

- Los *administradores* constituyen el 10-13% de la sociedad.
- Entre los *administradores* predominan los hombres (60%).
- Un país que se corresponde con el perfil del *administrador* son los Estados Unidos[2].

Código literal:

El código literal universal del *administrador* en las tipologías de personalidad de Jung es ESTJ.

---

[2] Esto no quiere decir que todos los habitantes de los EE. UU. pertenezcan a este tipo de personalidad, sino que la sociedad estadounidense, en su conjunto, tiene muchas características del *administrador.*

Más:

Jarosław Jankowski
Tu tipo de personalidad: Administrador (ESTJ)

Animador (ESTP)

Lema vital: *¡Hagamos algo!*

Enérgico, activo y emprendedor. Le gusta la compañía de otros y sabe pasárselo bien y disfrutar del momento presente. Es espontáneo, flexible y suele estar abierto a los cambios.

Es entusiasta inspirador e iniciador, suele motivar a los demás a actuar. Lógico, racional y extraordinariamente pragmático. Realista. Le aburren las ideas abstractas y las reflexiones sobre el futuro. Procura solucionar los problemas concretos e inmediatos que se le presentan, pero a menudo también tiene dificultades con la organización y la planificación. Suele ser impulsivo. Suele ocurrir que primero actúa y luego piensa.

Tendencias naturales del *animador.*

- Fuente de energía vital: mundo exterior.
- Asimilación de información: sentidos.
- Toma de decisiones: razón.
- Estilo de vida: espontáneo.

Tipos de personalidad similares:

- *Administrador*
- *Pragmático*
- *Inspector*

Datos estadísticos:

- Los *animadores* constituyen el 6-10% de la sociedad.
- Entre los *animadores* predominan los hombres (60%).
- El país que se corresponde con el perfil de *animador* es Australia.

Código literal:

El código literal universal del *animador* en las tipologías de personalidad de Jung es ESTP.

Más:

Jarosław Jankowski
Tu tipo de personalidad: Animador (ESTP)

Artista (ISFP)

Lema vital: *¡Creemos algo!*

Sensible, creativo y original. Tiene un gran sentido de la estética y capacidades artísticas naturales. Independiente, se guía por su propia escala de valores y no cede ante la presión. Optimista y con una actitud positiva hacia la vida; es capaz de disfrutar del momento.

Disfruta ayudando a los demás. Le aburren las teorías abstractas; prefiere crear la realidad que hablar de ella. Sin embargo, le resulta más fácil empezar cosas nuevas que acabar las empezadas antes. Suele tener dificultades para expresar sus propios deseos y necesidades.

Tendencias naturales del *artista*:

- Fuente de energía vital: mundo interior.
- Asimilación de información: sentidos.
- Toma de decisiones: corazón.
- Estilo de vida: espontáneo.

Tipos de personalidad similares:

- *Protector*
- *Presentador*
- *Defensor*

Datos estadísticos:

- Los *artistas* constituyen el 6-9% de la población.
- Entre los *artistas* predominan las mujeres (60%).
- El país que se corresponde con el perfil de *artista* es China.

Código literal:

El código literal universal del *artista* en las tipologías de personalidad de Jung es ISFP.

Más:

Jarosław Jankowski
Tu tipo de personalidad: Artista (ISFP)

Consejero (ENFJ)

Lema vital: *Mis amigos son mi mundo.*

Optimista, entusiasta y gracioso. Amable, sabe actuar con tacto. Tiene el extraordinario don de la empatía y disfruta actuando de forma desinteresada a favor de los demás. Es capaz de influir en sus vidas: inspira, descubre en ellos el potencial oculto que tienen y suscita confianza en sus propias fuerzas. Irradia ternura y atrae a las demás personas. A menudo las ayuda a resolver sus problemas personales.

Suele ser crédulo, aunque un poco ingenuo, y tiene tendencia a ver el mundo de color de rosa. Concentrado en los demás, a menudo se olvida de sus propias necesidades.

Tendencias naturales del *consejero*:

- Fuente de energía vital: mundo exterior.
- Asimilación de información: intuición.
- Toma de decisiones: corazón.
- Estilo de vida: organizado.

Tipos de personalidad similares:

- *Entusiasta*
- *Mentor*
- *Idealista*

Datos estadísticos:

- Los *consejeros* constituyen el 3-5% de la población.
- Entre los *consejeros* predominan claramente las mujeres (80%).
- El país que se corresponde con el perfil de *consejero* es Francia.

Código literal:

El código literal universal del *consejero* en las tipologías de personalidad de Jung es ENFJ.

Más:

Jarosław Jankowski
Tu tipo de personalidad: Consejero (ENFJ)

Defensor (ESFJ)

Lema vital: *¿Cómo puedo ayudarte?*

Entusiasta, enérgico y bien organizado. Práctico, responsable, concienzudo. Cordial y extraordinariamente sociable.

Percibe los sentimientos humanos, las emociones y necesidades. Valora la armonía. Soporta mal la crítica y los conflictos. Es sensible a todas las manifestaciones de injusticia y protesta cuando ve que lastiman a otras personas. Se interesa sinceramente por los problemas de los demás y siente una verdadera alegría al ayudarlos. Al velar por sus necesidades a menudo desatiende las suyas propias. Tiene tendencia a hacer por los demás cosas que ellos mismos deberían hacer. Suele ser susceptible a la manipulación.

Tendencias naturales del *defensor*:

- Fuente de energía vital: mundo exterior.
- Asimilación de información: sentidos.
- Toma de decisiones: corazón.
- Estilo de vida: organizado.

Tipos de personalidad similares:

- Presentador
- Protector
- Artista

Datos estadísticos:

- Los *defensores* constituyen el 10-13% de la población.
- Entre los *defensores* predominan claramente las mujeres (70%).
- El país que se corresponde con el perfil de *defensor* es Canadá.

Código literal:

El código literal universal del *defensor* en las tipologías de personalidad de Jung es ESFJ.

Más:

Jarosław Jankowski
Tu tipo de personalidad: Defensor (ESFJ)

Director (ENTJ)

Lema vital: *Os diré lo que hay que hacer.*

Independiente, activo y decidido. Racional, lógico y creativo. Percibe un contexto más amplio de los problemas analizados y es capaz de prever las futuras consecuencias de las acciones humanas. Se caracteriza por el optimismo y un sensato sentido de su propio valor. Es capaz de transformar conceptos teóricos en planes de actuación concretos y prácticos.

Visionario, mentor y organizador. Tiene unas capacidades de liderazgo innatas. Su fuerte personalidad, su criticismo y su estilo directo a menudo intimidan a los demás y provocan problemas en sus relaciones interpersonales.

Tendencias naturales del *director*:

- Fuente de energía vital: mundo exterior.
- Asimilación de información: intuición.
- Toma de decisiones: razón.
- Estilo de vida: organizado.

Tipos de personalidad similares:

- *Innovador*
- *Estratega*
- *Lógico*

Datos estadísticos:

- Los *directores* constituyen el 2-5% de la población.

- Entre los *directores* predominan claramente los hombres (70%).
- El país que se corresponde con el perfil de *director* es Holanda.

Código literal:

El código literal universal del *director* en las tipologías de personalidad de Jung es ENTJ.

Más:

Jarosław Jankowski
Tu tipo de personalidad: Director (ENTJ)

Entusiasta (ENFP)

Lema vital: *¡Podemos hacerlo!*

Enérgico, entusiasta y optimista. Es capaz de disfrutar de la vida y piensa a largo plazo. Dinámico, ingenioso y creativo. Le gustan las personas y aprecia las relaciones sinceras y auténticas. Cálido, cordial y emocional. Soporta mal la crítica. Tiene el don de la empatía y percibe las necesidades, los sentimientos y los motivos de los demás. Los inspira y los contagia con su entusiasmo.

Le gusta estar en el centro de los acontecimientos. Es flexible y capaz de improvisar. Es propenso a tener ocurrencias idealistas. Se distrae con facilidad y tiene problemas para llevar los asuntos hasta el final.

Tendencias naturales del *entusiasta*:

- Fuente de energía vital: mundo exterior.
- Asimilación de información: intuición.
- Toma de decisiones: corazón.
- Estilo de vida: espontáneo.

Tipos de personalidad similares:

- *Consejero*
- *Idealista*
- *Mentor*

Datos estadísticos:

- Los *entusiastas* constituyen el 5-8% de la población.
- Entre los *entusiastas* predominan las mujeres (60%).
- El país que se corresponde con el perfil de *entusiasta* es Italia.

Código literal:

El código literal universal del *entusiasta* en las tipologías de personalidad de Jung es ENFP.

Más:

Jarosław Jankowski
Tu tipo de personalidad: Entusiasta (ENFP)

Estratega (INTJ)

Lema vital: *Esto puede perfeccionarse.*

Independiente, marcado individualismo, con una enorme cantidad de energía interna. Creativo e ingenioso. Visto por los demás como competente y seguro de sí mismo y, a la vez, como distante y enigmático. Mira cada asunto desde una perspectiva amplia. Desea perfeccionar y ordenar el mundo que le rodea.

Bien organizado, responsable, crítico y exigente. Es difícil sacarlo de sus casillas, pero también es difícil satisfacerlo totalmente. Por lo general, tiene problemas para interpretar los sentimientos y emociones de otras personas.

Tendencias naturales del *estratega*:

- Fuente de energía vital: mundo interior.
- Asimilación de información: intuición.
- Toma de decisiones: razón.
- Estilo de vida: organizado.

Tipos de personalidad similares:

- *Lógico*
- *Director*
- *Innovador*

Datos estadísticos:

- Los *estrategas* constituyen el 1-2% de la población.

- Entre los *estrategas* predominan claramente los hombres (80%).
- El país que se corresponde con el perfil de *estratega* es Finlandia.

Código literal:

El código literal universal del *estratega* en las tipologías de personalidad de Jung es INTJ.

Más:

Jarosław Jankowski
Tu tipo de personalidad: Estratega (INTJ)

Idealista (INFP)

Lema vital: *Se puede vivir de otra manera.*

Sensible, leal, creativo. Desea vivir según los valores que profesa. Muestra interés por la realidad espiritual y ahonda en los secretos de la vida. Suele conmoverse por los problemas del mundo y está abierto a las necesidades de otras personas. Valora la armonía y el equilibrio.

Romántico: es capaz de demostrar amor, pero él mismo también necesita cariño y afecto. Interpreta perfectamente los motivos y sentimientos de otras personas. Crea relaciones sanas, profundas y duraderas. En situaciones de conflicto lo pasa mal, no sabe qué hacer. No resiste el estrés y la crítica.

Tendencias naturales del *idealista*:

- Fuente de energía vital: mundo interior.
- Asimilación de información: intuición.
- Toma de decisiones: corazón.
- Estilo de vida: espontáneo.

Tipos de personalidad similares:

- *Mentor*
- *Entusiasta*
- *Consejero*

Datos estadísticos:

- Los *idealistas* constituyen el 1-4% de la población.
- Entre los *idealistas* predominan las mujeres (60%).
- El país que se corresponde con el perfil de *idealista* es Tailandia.

Código literal:

El código literal universal del *idealista* en las tipologías de personalidad de Jung es INFP.

Más:

Jarosław Jankowski
Tu tipo de personalidad: Idealista (INFP)

Innovador (ENTP)

Lema vital: *Y si probamos a hacerlo de otra forma...*

Ingenioso, original e independiente. Optimista. Enérgico y emprendedor. Persona de acción: le gusta estar en el centro de los acontecimientos y resolver «problemas irresolubles». Tiene curiosidad por el mundo, y es propenso al riesgo y suele ser impaciente. Visionario, abierto a nuevas ideas y ocurrencias. Le gustan las nuevas experiencias y los experimentos. Percibe las relaciones entre acontecimientos concretos y piensa a largo plazo.

Espontáneo, comunicativo y seguro de sí mismo. Propenso a sobrevalorar sus propias posibilidades. Tiene problemas para llevar los asuntos hasta el final.

Tendencias naturales del *innovador*:

- Fuente de energía vital: mundo exterior.
- Asimilación de información: intuición.
- Toma de decisiones: razón.
- Estilo de vida: espontáneo.

Tipos de personalidad similares:

- *Director*
- *Lógico*
- *Estratega*

Datos estadísticos:

- Los *innovadores* constituyen el 3-5% de la población.
- Entre los *innovadores* predominan claramente los hombres (70%).
- El país que se corresponde con el perfil de *innovador* es Israel.

Código literal:

El código literal universal del *innovador* en las tipologías de personalidad de Jung es ENTP.

Más:

Jarosław Jankowski
Tu tipo de personalidad: Innovador (ENTP)

Inspector (ISTJ)

Lema vital: *Primero las obligaciones.*

Una persona con la que siempre se puede contar. Educado, puntual, cumplidor, concienzudo, responsable: «persona de confianza». Analítico, metódico, sistemático y lógico. Los otros lo ven como reservado, frío y serio. Aprecia la tranquilidad, la estabilidad y el orden. No le gustan los cambios. En cambio, le gustan los principios claros y las reglas concretas.

Trabajador y perseverante, es capaz de llevar los asuntos hasta el final. Perfeccionista. Quiere controlarlo todo. Parco en elogios. No aprecia el valor de los sentimientos y las emociones de otras personas.

Tendencias naturales del *inspector*:

- Fuente de energía vital: mundo interior.
- Asimilación de información: sentidos.
- Toma de decisiones: razón.
- Estilo de vida: organizado.

Tipos de personalidad similares:

- *Pragmático*
- *Administrador*
- *Animador*

Datos estadísticos:

- Los *inspectores* constituyen el 6-10% de la población.
- Entre los *inspectores* predominan los hombres (60%).
- El país que se corresponde con el perfil de *inspector* es Suiza.

Código literal:

El código literal universal del *inspector* en las tipologías de personalidad de Jung es ISTJ.

Más:

Jarosław Jankowski
Tu tipo de personalidad: Inspector (ISTJ)

Lógico (INTP)

Lema vital: *Lo más importante es conocer la verdad acerca del mundo.*

Original, ingenioso y creativo. Le gusta resolver problemas de índole teórica. Analítico, brillante y con una actitud entusiasta hacia las nuevas ideas. Es capaz de relacionar fenómenos concretos y deducir de ellos principios generales y teorías. Lógico, preciso e indagador. Percibe rápidamente los síntomas de incoherencia e inconsecuencia.

Independiente y escéptico ante las soluciones y autoridades establecidas. Tolerante y abierto a los nuevos retos. Se suele quedar absorto en sus reflexiones, a veces pierde el contacto con el mundo exterior.

Tendencias naturales del *lógico*:

- Fuente de energía vital: mundo interior.
- Asimilación de información: intuición.
- Toma de decisiones: razón.
- Estilo de vida: espontáneo.

Tipos de personalidad similares:

- *Estratega*
- *Innovador*
- *Director*

Datos estadísticos:

- Los *lógicos* constituyen el 2-3% de la población.
- Entre los *lógicos* predominan claramente los hombres (80%).
- El país que se corresponde con el perfil de *lógico* es la India.

Código literal:

El código literal universal del *lógico* en las tipologías de personalidad de Jung es INTP.

Más:

Jarosław Jankowski
Tu tipo de personalidad: Lógico (INTP)

Mentor (INFJ)

Lema vital: *¡El mundo puede ser mejor!*

Creativo, sensible, adelantado a su tiempo, capaz de ver las posibilidades que los demás no ven. Idealista y visionario orientado a la ayuda a las personas. Concienzudo, responsable y al mismo tiempo amable, solícito y amistoso. Se esfuerza por entender los mecanismos que rigen el mundo y trata de ver los problemas desde una perspectiva más amplia.

Excelente oyente y observador. Se caracteriza por una extraordinaria empatía, por su intuición y la confianza en las personas. Es capaz de interpretar los sentimientos y las emociones.

Soporta mal la crítica y las situaciones de conflicto. Puede parecer enigmático.

Tendencias naturales del *mentor*:

- Fuente de energía vital: mundo interior.
- Asimilación de información: intuición.
- Toma de decisiones: corazón.
- Estilo de vida: organizado.

Tipos de personalidad similares:

- *Idealista*
- *Consejero*
- *Entusiasta*

Datos estadísticos:

- Los *mentores* constituyen aproximadamente el 1% de la población y son el tipo de personalidad menos frecuente.
- Entre los *mentores* predominan claramente las mujeres (80%).
- El país que se corresponde con el perfil de *mentor* es Noruega.

Código literal:

El código literal universal del *mentor* en las tipologías de personalidad de Jung es INFJ.

Más:

Jarosław Jankowski
Tu tipo de personalidad: Mentor (INFJ)

Pragmático (ISTP)

Lema vital: *Los actos son más importantes que las palabras.*

Optimista, espontáneo y con una actitud positiva hacia la vida. Comedido e independiente. Fiel a sus propias convicciones y escéptico ante las normas y principios externos. Le aburren las teorías y las reflexiones sobre el futuro.

Prefiere actuar y solucionar problemas concretos y tangibles.

Se adapta bien a los nuevos lugares y situaciones. Le gustan los nuevos retos y el riesgo. Es capaz de mantener la sangre fría ante las amenazas y los peligros. Su taciturnidad y su extrema sobriedad a la hora de expresar opiniones hace que suela ser indescifrable para los demás.

Tendencias naturales del *pragmático*:

- Fuente de energía vital: mundo interior.
- Asimilación de información: sentidos.
- Toma de decisiones: razón.
- Estilo de vida: espontáneo.

Tipos de personalidad similares:

- *Inspector*
- *Animador*
- *Administrador*

Datos estadísticos:

- Los *pragmáticos* constituyen el 6-9% de la población.
- Entre los *pragmáticos* predominan los hombres (60%).
- El país que se corresponde con el perfil de *pragmático* es Singapur.

Código literal:

El código literal universal del *pragmático* en las tipologías de personalidad de Jung es ISTP.

Más:

Jarosław Jankowski
Tu tipo de personalidad: Pragmático (ISTP)

Presentador (ESFP)

Lema vital: *¡Hoy es el momento perfecto!*

Optimista, enérgico y abierto a las personas. Es capaz de disfrutar de la vida y pasarlo bien. Práctico y al mismo tiempo flexible y espontáneo. Le gustan los cambios y las nuevas experiencias. Soporta mal la soledad, el estancamiento y la rutina. Se siente bien estando en el centro de atención.

Tiene unas capacidades interpretativas naturales y es capaz de hablar de una forma que despierta el interés y el entusiasmo de los oyentes. Al concentrarse en el día de hoy, a veces pierde de vista los objetivos a largo plazo. Suele tener problemas a la hora de prever las consecuencias de sus actos.

Tendencias naturales del *presentador*:

- Fuente de energía vital: mundo exterior.
- Asimilación de información: sentidos.
- Toma de decisiones: corazón.
- Estilo de vida: espontáneo.

Tipos de personalidad similares:

- *Defensor*
- *Artista*
- *Protector*

Datos estadísticos:

- Los *presentadores* constituyen el 8 -13% de la población.
- Entre los *presentadores* predominan las mujeres (60%).
- El país que se corresponde con el perfil de *presentador* es Brasil.

Código literal:

El código literal universal del *presentador* en las tipologías de personalidad de Jung es ESFP.

Más:

Jarosław Jankowski
Tu tipo de personalidad: Presentador (ESFP)

Protector (ISFJ)

Lema vital: *Me importa tu felicidad.*

Sincero, tierno, modesto, digno de confianza y extraordinariamente leal. Pone en primer lugar a los demás: percibe sus necesidades y desea ayudarles. Práctico, bien organizado y responsable. Paciente, trabajador y perseverante: es capaz de llevar los asuntos hasta el final.

Observa y recuerda los detalles. Valora mucho la tranquilidad, la estabilidad y las relaciones amistosas con los demás. Es capaz de tender puentes entre las personas. Soporta mal los conflictos y la crítica. Tiene un fuerte sentido de la responsabilidad y siempre está dispuesto a ayudar. Los demás suelen aprovecharse de él.

Tendencias naturales del *protector*:

- Fuente de energía vital: mundo interior.
- Asimilación de información: sentidos.
- Toma de decisiones: corazón.
- Estilo de vida: organizado.

Tipos de personalidad similares:

- *Artista*
- *Defensor*
- *Presentador*

Datos estadísticos:

- Los *protectores* constituyen el 8-12% de la población.

- Entre los *protectores* predominan claramente las mujeres (70%).
- El país que se corresponde con el perfil de *protector* es Suecia.

Código literal:

El código literal universal del *protector* en las tipologías de personalidad de Jung es ISFJ.

Más:

Jarosław Jankowski
Tu tipo de personalidad: Protector (ISFJ)

Apéndice

Las cuatro tendencias naturales

1. Fuente de energía vital dominante

    o   MUNDO EXTERIOR
        Personas que obtienen energía del
        exterior, que necesitan actividad y
        contacto con los demás. Soportan
        mal la soledad prolongada.

    o   MUNDO INTERIOR
        Personas que obtienen energía del
        mundo interior, que necesitan
        silencio y soledad. Se sienten
        agotados cuando están mucho
        tiempo en medio de un grupo.

2. Forma dominante de asimilación de la información

   o SENTIDOS
      Personas que dependen de los cinco sentidos. Les convencen los hechos y las pruebas. Les gustan los métodos comprobados y las tareas prácticas y concretas. Son realistas y se basan en la experiencia.

   o INTUICIÓN
      Personas que dependen de un sexto sentido, que se guían por los presentimientos. Les gustan las soluciones innovadoras y los problemas de índole teórica. Se caracterizan por su enfoque creativo de las tareas y por su capacidad de previsión.

3. Forma de toma de decisiones dominante

   o RAZÓN
      Personas que se guían por la lógica y los principios objetivos. Críticos y directos a la hora de expresar sus opiniones.

   o CORAZÓN
      Personas que se guían por los sentimientos y los valores. Anhelan

la armonía y necesitan estar bien con los demás.

4. Estilo de vida dominante

- ○ ORGANIZADO
  Personas concienzudas y organizadas. Valoran el orden, son personas a quienes les gusta actuar según un plan.

- ○ ESPONTÁNEO
  Personas espontáneas, que valoran la libertad. Disfrutan del momento y se encuentran a gusto en situaciones nuevas.

Porcentaje orientativo de los diferentes tipos de personalidad en la población

Tipo de personalidad:	Porcentaje:
Administrador (ESTJ):	10 – 13%
Animador (ESTP):	6 – 10%
Artista (ISFP):	6 – 9%
Consejero (ENFJ):	3 – 5 %
Defensor (ESFJ):	10 – 13%
Director (ENTJ):	2 – 5%
Entusiasta (ENFP):	5 – 8%
Estratega (INTJ):	1 – 2%
Idealista (INFP):	1 – 4%
Innovador (ENTP):	3 – 5%
Inspector (ISTJ):	6 – 10%

Lógico (INTP):	2 – 3%
Mentor (INFJ):	aprox. 1%
Pragmático (ISTP):	6 – 9%
Presentador (ESFP):	8 – 13%
Protector (ISFJ):	8 – 12%

Porcentaje orientativo de mujeres y hombres entre las personas con un determinado tipo de personalidad

Tipo de personalidad:	Mujere/ hombres:
Administrador (ESTJ):	40% / 60%
Animador (ESTP):	40% / 60%
Artista (ISFP):	60% / 40%
Consejero (ENFJ):	80% / 20%
Defensor (ESFJ):	70% / 30%
Director (ENTJ):	30% / 70%
Entusiasta (ENFP):	60% / 40%
Estratega (INTJ):	20% / 80%
Idealista (INFP):	60% / 40%
Innovador (ENTP):	30% / 70%
Inspector (ISTJ):	40% / 60%
Lógico (INTP):	20% / 80%
Mentor (INFJ):	80% / 20%
Pragmático (ISTP):	40% / 60%
Presentador (ESFP):	60% / 40%
Protector (ISFJ):	70% / 30%

Bibliografía

- Arraj James, *Tracking the Elusive Human, Volume 2: An Advanced Guide to the Typological Worlds of C. G. Jung, W.H. Sheldon, Their Integration, and the Biochemical Typology of the Future*, Inner Growth Books, 1990.

- Arraj Tyra, Arraj James, *Tracking the Elusive Human, Volume 1: A Practical Guide to C.G. Jung's Psychological Types, W.H. Sheldon's Body and Temperament Types and Their Integration*, Inner Growth Books, 1988.

- Berens Linda V., Cooper Sue A., Ernst Linda K., Martin Charles R., Myers Steve, Nardi Dario, Pearman Roger R., Segal Marci, Smith Melissa A., *Quick Guide to the 16 Personality Types in Organizations: Understanding Personality Differences in the Workplace*, Telos Publications, 2002.

- Geier John G., Downey E. Dorothy, *Energetics of Personality*, Aristos Publishing House, 1989.

- Hunsaker Phillip L., Alessandra J. Anthony, *The Art of Managing People*, Simon and Schuster, 1986.

- Jung Carl Gustav, *Tipos psicológicos*, Trotta, 2013.

- Kise Jane A. G., Stark David, Krebs Hirsch Sandra, *LifeKeys: Discover Who You Are*, Bethany House, 2005.

- Kroeger Otto, Thuesen Janet, *Type Talk or How to Determine Your Personality Type and Change Your Life*, Delacorte Press, 1988.

- Lawrence Gordon, *Looking at Type and Learning Styles*, Center for Applications of Psychological Type, 1997.

- Lawrence Gordon, *People Types and Tiger Stripes*, Center for Applications of Psychological Type, 1993.

- Maddi Salvatore R., Personality Theories: *A Comparative Analysis*, Waveland, 2001.

- Martin Charles R., *Looking at Type: The Fundamentals Using Psychological Type To Understand and Appreciate Ourselves and Others*, Center for Applications of Psychological Type, 2001.

- Meier C.A., *Personality: The Individuation Process in the Light of C. G. Jung's Typology*, Daimon Verlag, 2007.

- Pearman Roger R., Albritton Sarah, *I'm Not Crazy, I'm Just Not You: The Real Meaning of the Sixteen Personality Types*, Davies-Black Publishing, 1997.

- Segal Marci, *Creativity and Personality Type: Tools for Understanding and Inspiring the Many Voices of Creativity*, Telos Publications, 2001.

- Sharp Daryl, *Personality Type: Jung's Model of Typology*, Inner City Books, 1987. Spoto Angelo, Jung's Typology in Perspective, Chiron Publications, 1995.

- Tannen Deborah, *Tú no me entiendes*, Círculo de lectores, 1992.

- Thomas Jay C., Segal Daniel L., *Comprehensive Handbook of Personality and Psychopathology*, Personality and Everyday Functioning, Wiley, 2005.

- Thomson Lenore, *Personality Type: An Owner's Manual*, Shambhala, 1998.

- Tieger Paul D., Barron-Tieger Barbara, *Just Your Type: Create the Relationship You've Always Wanted Using the Secrets of Personality Type*, Little, Brown and Company, 2000.

- Von Franz Marie-Louise, Hillman James, *Lectures on Jung's Typology*, Continuum International Publishing Group, 1971.

www.ingramcontent.com/pod-product-compliance
Lightning Source LLC
Chambersburg PA
CBHW031207020426
42333CB00013B/833